L'EXPÉDITION·FRANÇAISE

DE

FORMOSE

1884-1885

ATLAS

(10 Cartes, dont 9 en couleurs et une Vue panoramique en noir)

1. Ile et Détroit de Formose.
   (D'après les Cartes du dépôt de la Marine).
2. Le Nord de Formose, échelle du $\frac{1}{463.000}$
3. Environs de Kelung, échelle du $\frac{1}{40.000}$
   (Région qui fut occupée par le corps expéditionnaire, en 1884-1885.)
4. Kelung, échelle du $\frac{1}{10.000}$
5. Panorama de Kelung.
6. Entrée du port de Tamsui (Combat du 8 oct^bre 1884), éch. du $\frac{1}{20.000}$
7. Les lignes de l'Ouest, échelle du $\frac{1}{10.000}$
8. Le secteur Sud, le fort Tamsui, échelle du $\frac{1}{15.000}$
9. Les Positions Sud et Sud-Est de Kelung, éch. du $\frac{1}{15.000}$
10. Les Pescadores (Mouillages intérieurs et île Ponghou), éch. du $\frac{1}{80.000}$

PARIS

LIBRAIRIE CH. DELAGRAVE

15, RUE SOUFFLOT, 15

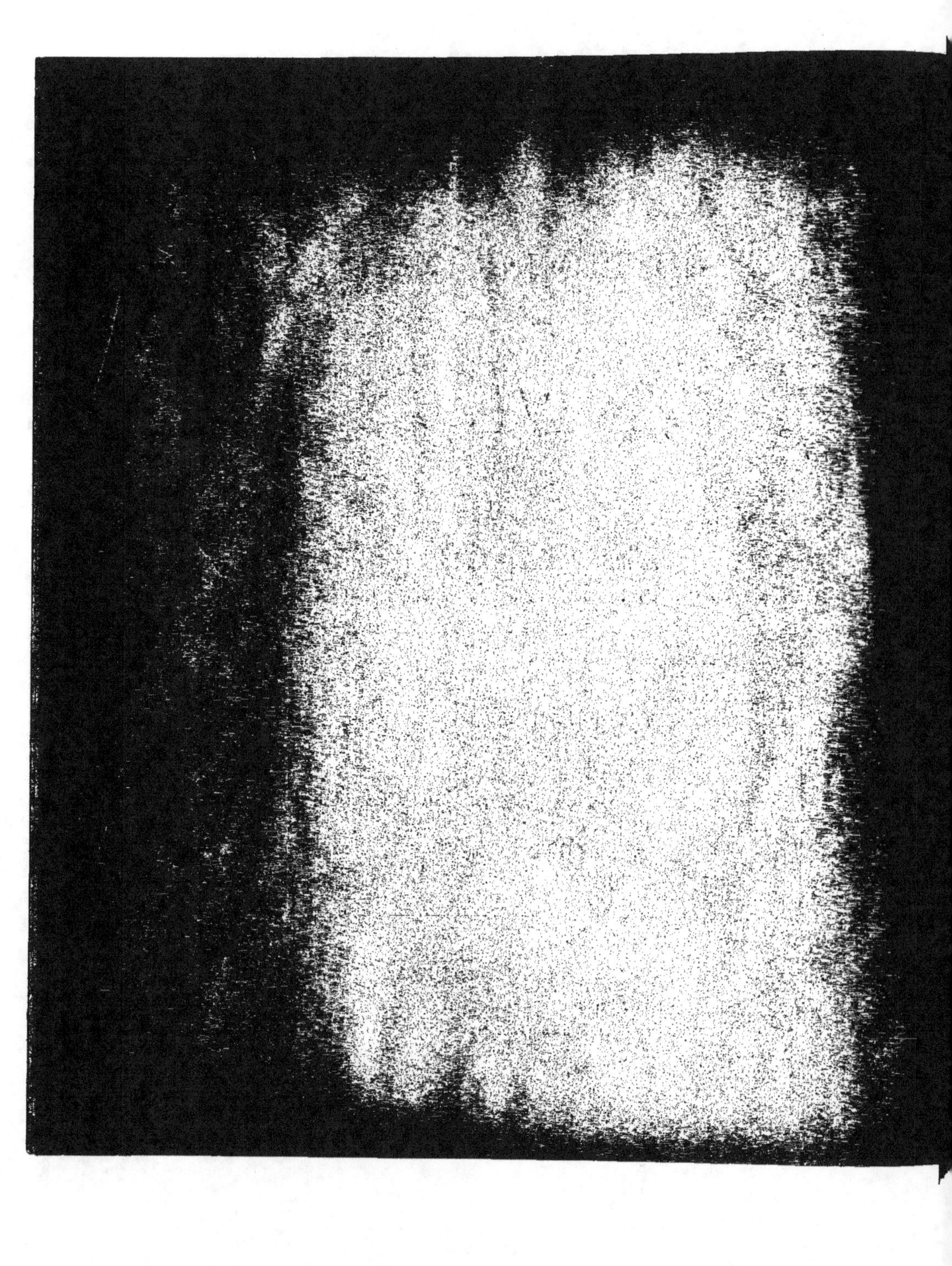

L'EXPÉDITION FRANÇAISE

DE

FORMOSE

1884-1885

ATLAS

(10 Cartes, dont 9 en couleurs et une Vue panoramique en noir)

1. **Ile et Détroit de Formose.**
   (D'après les Cartes du dépôt de la Marine).
2. **Le Nord de Formose,** échelle du $\frac{1}{463.000}$.
3. **Environs de Kelung,** échelle du $\frac{1}{40.000}$.
   (Région qui fut occupée par le corps expéditionnaire, en 1884-1885.)
4. **Kelung,** échelle du $\frac{1}{10.000}$.
5. **Panorama de Kelung.**
6. **Entrée du port de Tamsui** (Combat du 8 octᵇʳᵉ 1884), éch. du $\frac{1}{20.000}$.
7. **Les lignes de l'Ouest,** échelle du $\frac{1}{10.000}$.
8. **Le secteur Sud, le fort Tamsui,** échelle du $\frac{1}{15.000}$.
9. **Les Positions Sud et Sud-Est de Kelung,** éch. du $\frac{1}{15.000}$.
10. **Les Pescadores** (Mouillages intérieurs et île Ponghou), éch. du $\frac{1}{60.000}$.

PARIS

LIBRAIRIE CH. DELAGRAVE

15, RUE SOUFFLOT, 15

ILE ET DÉTROIT DE FORMOSE

(d'après les cartes du Dépôt de la Marine)

Croquis N° 1.

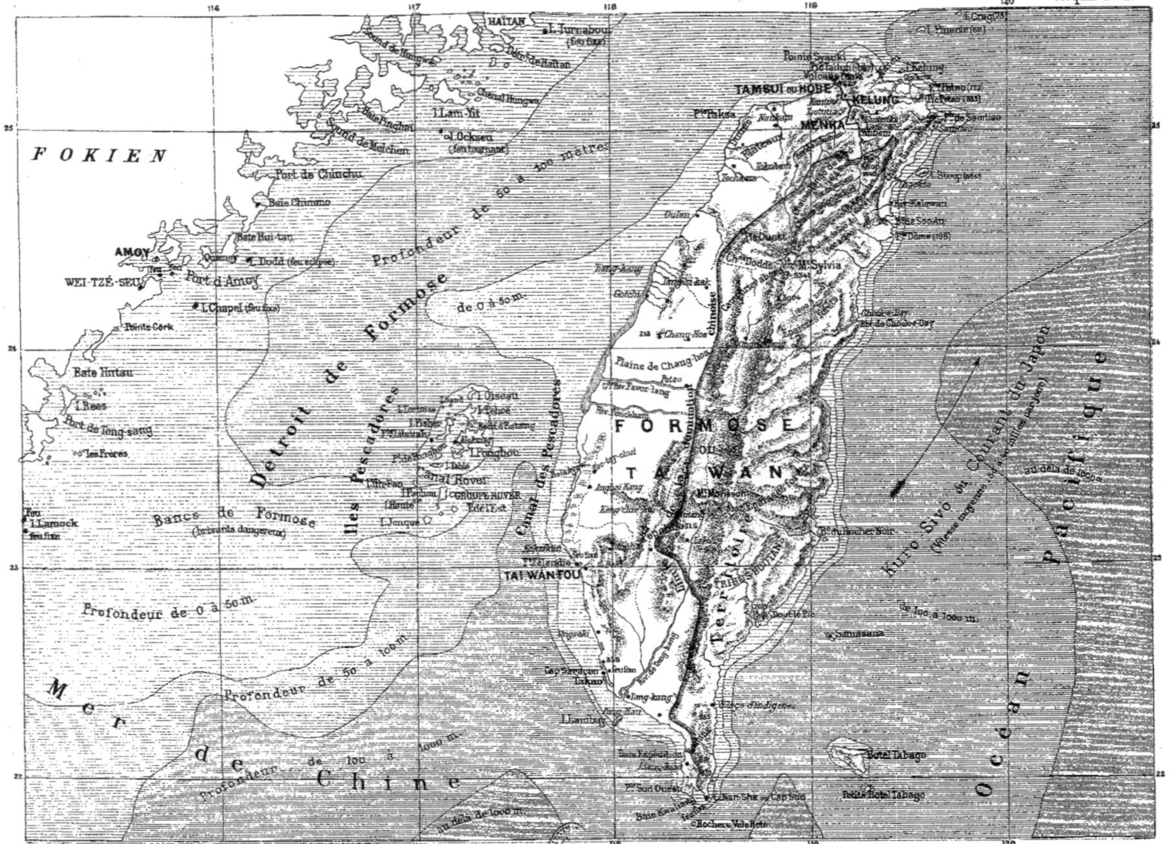

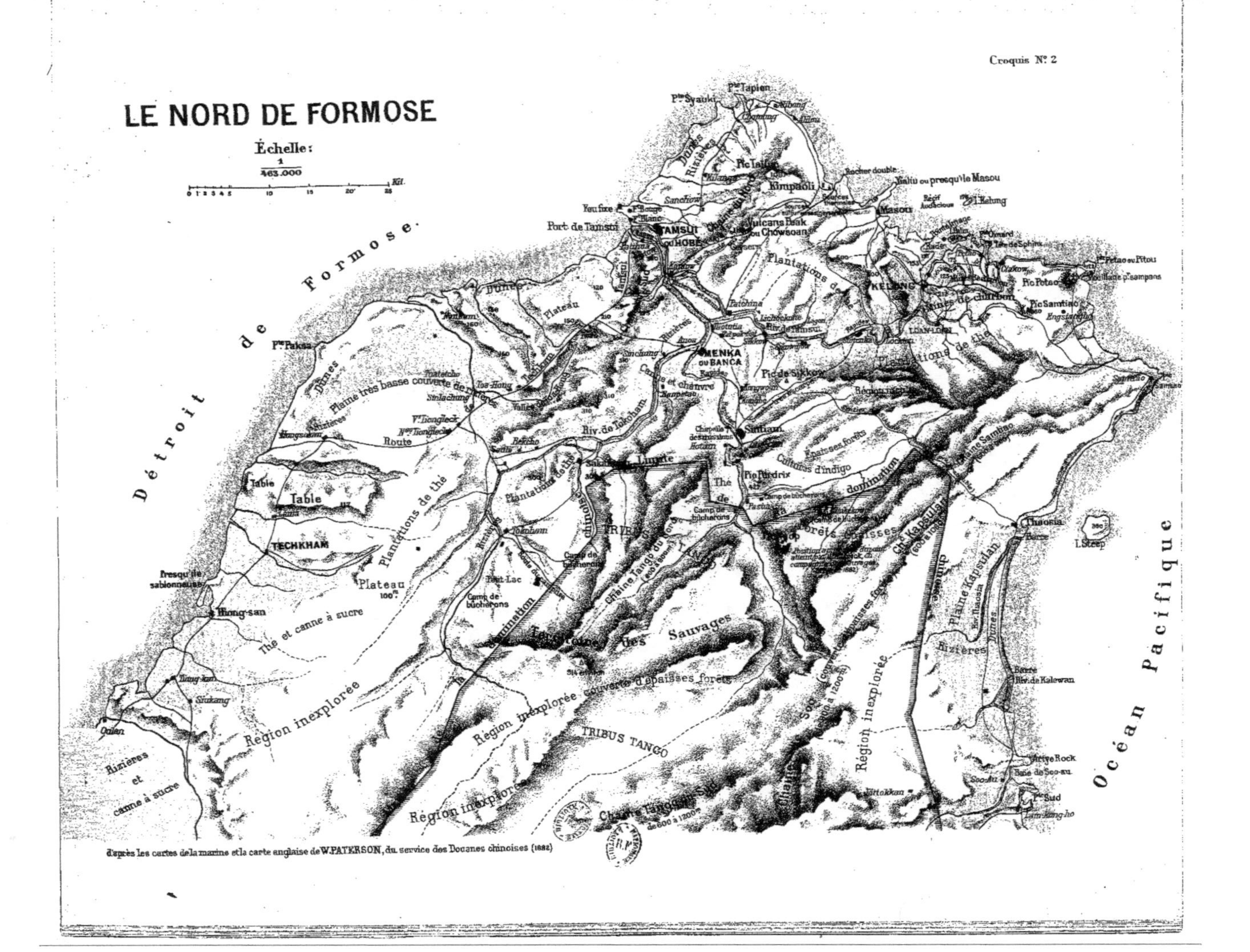
Croquis N° 2
LE NORD DE FORMOSE
Échelle:
1 / 463.000
Kil.
0 1 2 3 4 5   10   15   20   25
Détroit de Formose.
Océan Pacifique
Pte Tapien
Pte Syauki
Kimpaoli
Pic Taiko
Rocher double
Naltu ou presqu'île Masou
Récif Audubon
Ile Kelung
Youfire
Pte Rouge
Blanc
Port de Tamsui
TAMSUI
JUHOBE
Masou
Vulcans Peak
ou Chowsoan
Plantations de thé
KELUNG
Pic Potsoo
Pte Potao ou Pitou
Mouillage p'sampans
Pic Samtiao
Engsiang
Lac de Sphinx
Pointe de charbon
LIAN-LOAU
Détroit de Formose.
Dunes
Plateau
Pte Pakau
MENKA
ou BANCA
Pic de Sikkou
Plaine très basse couverte de
Tos-Hong
Sinlahung
Sanching
et chanvre
Bampsau
Vie Tongleck
N° Tongleck
Rivières
Hongsiam
Route
Sotia
Befcho
Riv. de Tokoham
Chapelle
des missions
Hotan
Sintiam
Cultures d'indigo
Pic Perdrix
Camp de bûcherons
Table
Table
Plantations de thé
TECHKHAM
Limite
The
de
la
domination
Plaine très basse couverte
chinoise
PRIEK
Chaîne Tango du Nord
(600 à 1200 m)
Forêts épaisses
Cr Kapsulan
(600 m)
Thaosia
L. Steep
Presqu'île
sablonneuse
Plateau
100 m.
Camp de
bûcherons
Pont-Lac
Plaine Kapsulan
chinoise
Thé et canne à sucre
Hong-san
Le Royaume des Sauvages
Rizières
Barre
Riv. de Kalewan
Région inexplorée
Région inexplorée couverte d'épaisses forêts
Sud (couvert
de 800 à 1200 m)
Pirye Rock
Baie de Soo-su
Soochi
Région inexplorée
TRIBUS TANGO
Région inexplorée
Mittokkan
Pte Sud
Tamsung-ho
Quan
Siukang
Hung-kan
Rizières
et
canne à sucre
Chaîne Tango du Sud
de 600 à 1200 m
d'après les cartes de la marine et la carte anglaise de W.PATERSON, du service des Douanes chinoises (1882)

Croquis Nº 3
ENVIRONS DE KELUNG
Région qui fut occupée par le Corps Expéditionnaire en 1884 - 1885.
Échelle = 1/40.000
Équidistance = 10ᵐ
Baie de Kelung
Pᵗᵉ Brodier
I. Bush
I. Palm
Pointe Bevan
Port Petao
Rocher Blanchi
Vieux Fort
Village
Pointe Image
Pointe Oxnard
Tête de Sphinx
Village de pêcheurs
Passage des Jonques
Roches Gull
RADE
mouillage de l'escadre
Rocher du Port
Ouvrage
FORT CLÉMENT
Lutin
Maison des Anglais
vers Masou
Village
PETAO
Fᵗ Villars
Ouvrage chinois
Ouvrages chinois
Fort des Jonques
Fᵗ de Suowan
Fort Chinois
CENTRAL
I. Turton
Caverne chinoise
Ouvrage chinois
FIGARDIGI
POINT A
TABLE DE L'EST
Citadelle
FORT BER
Fᵗ THIRION
(abandonné)
LES
Vallée des Mines
Pagode
Ouvrage chinois
LE SECTEUR
KELUNG
Route
Fᵗ TAMSUI
LES POSTES AVANCÉS
NID D'AIGLE
Fᵗ BAMBOU
FᵗDE LA TABLE
TABLE
Fᵗ BERTIN
Nan-nin-ka
Camp chinois
Pagode
Fᵗ DU SUD
Pagode
Camp chinois
Pagode
Limite de la navigation des sampans
Loan-loan
Vallée de Tamsui
Pagode
Pagode
Rapides
Rapides
Région de hautes montagnes
d'après les levés sur le terrain du Lieutenant GARNOT
du 3ᵉᵐᵉ Bataillon d'Afrique (mois de Mai 1885)
et la carte hydrographique de MM. RENAUD et
ROLLET DE L'ISLE (Septembre 1884)
LÉGENDE
Chemins ouverts par le corps expéditionnaire
Ouvrages Français

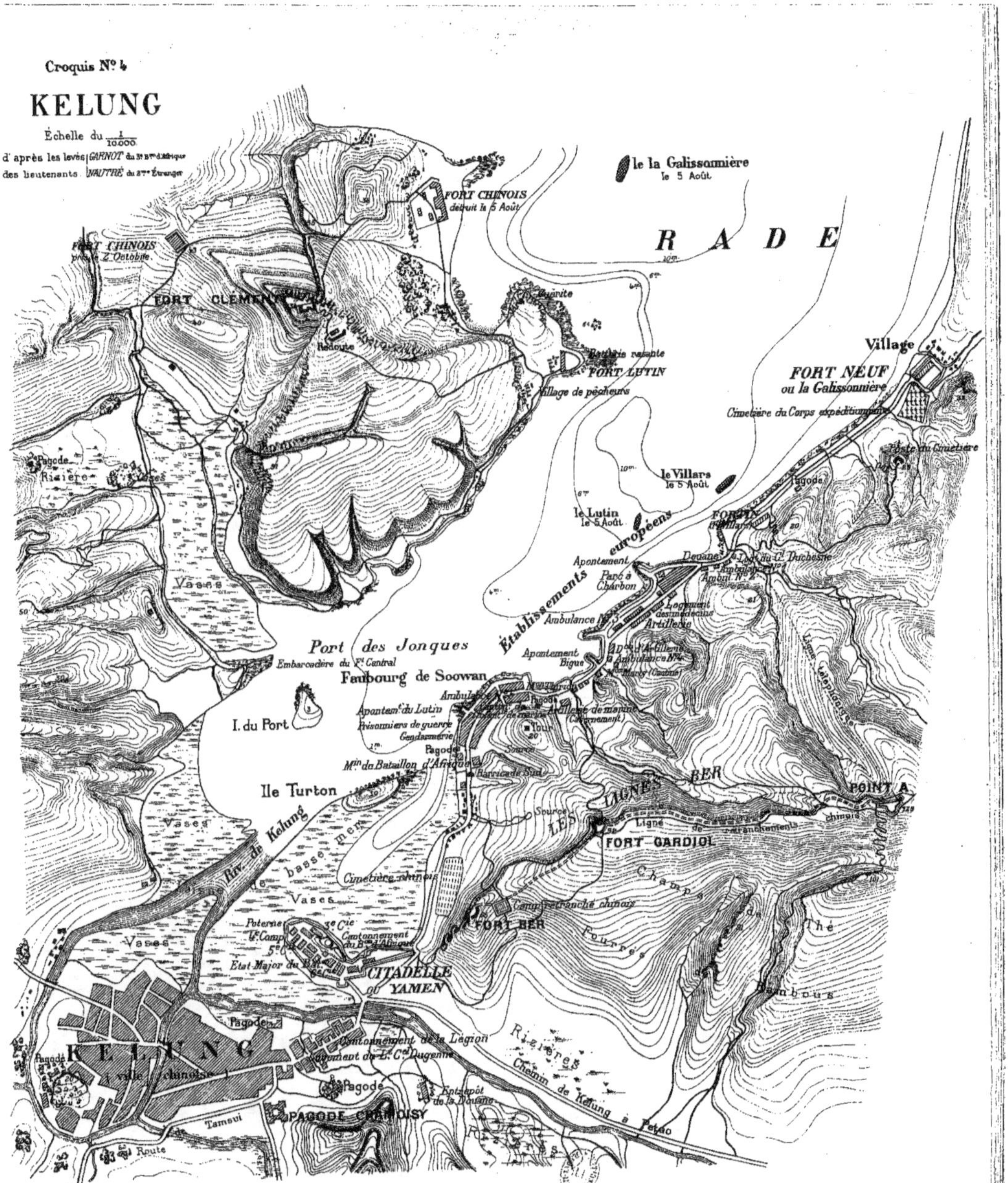

Croquis N.º 4

KELUNG

Échelle du 1/10.000

d'après les levés GARNOT du 3.º B.ºⁿ d'Afrique
des lieutenants NAUTRÉ du 2.º Étranger

RADE

le la Galissonnière
le 5 Août

FORT CHINOIS
détruit le 5 Août

FORT CHINOIS
pris le 2 Octobre

FORT CLÉMENT

Redoute

Guérite

Batterie rasante
FORT LUTIN
Village de pêcheurs

Pagode Rivière

Vases

Village
FORT NEUF
ou la Galissonnière
Cimetière du Corps expéditionnaire

Poste du Cimetière

le Villars
le 5 Août

le Lutin
le 5 Août

européens

FORTIN

Douane
Log.ᵗ du G.ˡ Duchesne
Ambulance N.º
Amb.ˡ N.º 2
Pagode

Établissements

Apontement
Parc à Charbon

Apontement
Bigue

Ambulance N.º 3

D.º d'Artillerie
Ambulance N.º
Artillerie

Logement
des médecins

Port des Jonques
Embarcadère du F.ᵗ Central
Faubourg de Soowan

I. du Port

Apontem.ᵗ du Lutin
Prisonniers de guerre
Gendarmerie
Pagode
M.ⁿ du Bataillon d'Afrique

Ambul.
Pagode
Artillerie de marine
(Cantonnement)

Tour

Source

Barricade Sud

Ile Turton

Riv. de Kelung

basse mer

Vases

Cimetière chinois

Vases

Source

LES LIGNES BER

Ligne

FORT GARDIOL

Champs

Fourrés

Camp retranché chinois

FORT BER

Poterne
3.º C.ⁱᵉ
4.º Comp.
5.º C.
Cantonnement
du B.ⁿ d'Afrique
État Major du B.ᵗ

CITADELLE
ou YAMEN

Rizières

Chemin de Kelung à Petao

Pagode

KELUNG
(ville chinoise)

Pagode

Pagode
Cantonnement de la Légion
Logement du L.ᵗ C.ˡ Dugenne

Pagode
Entrepôt de la Douane

PAGODE CHAMOISY

Tamsui

Route

POINT A

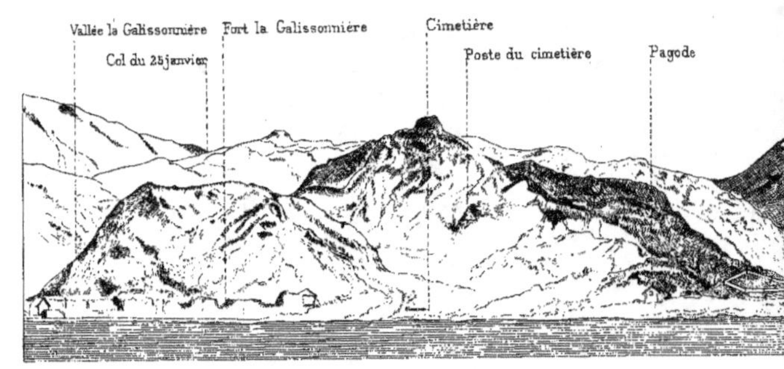
Vallée la Galissonnière
Col du 25 janvier
Fort la Galissonnière
Cimetière
Poste du cimetière
Pagode

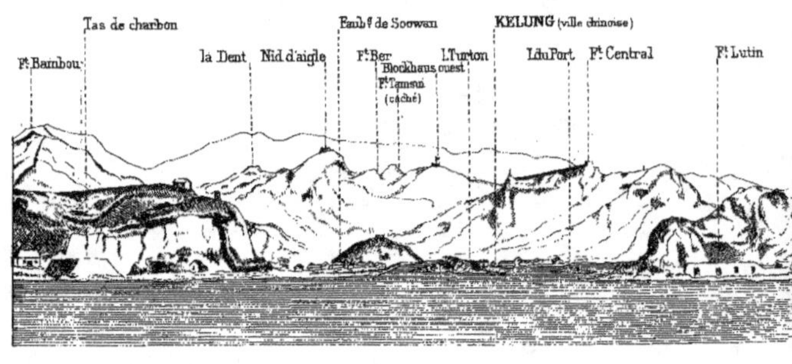
Tas de charbon
Emb.t de Soowan
KELUNG (ville chinoise)
F.t Bambou
la Dent
Nid d'aigle
F.t Ber
Blockhaus ouest
F.t Tamsui
(caché)
l. Turton
l.du Port
F.t Central
F.t Lutin

Village de pêcheurs

IA DE KELUNG

(vu de la rade)

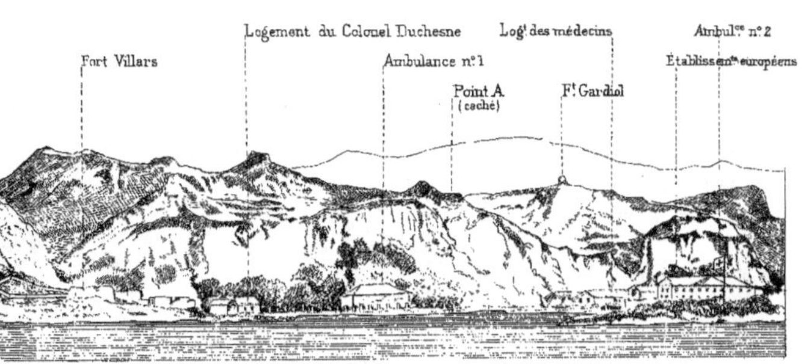

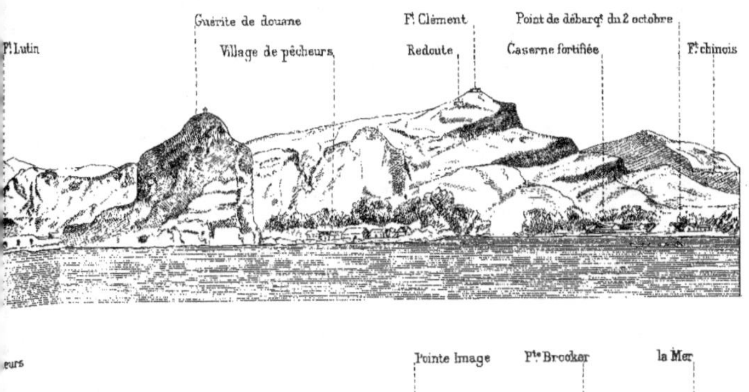

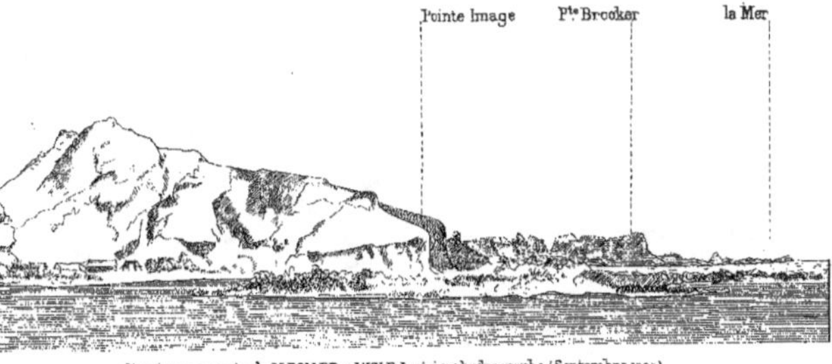

d'après un croquis de M. ROLLET DE L'ISLE, Ingénieur hydrographe (Septembre 1884)

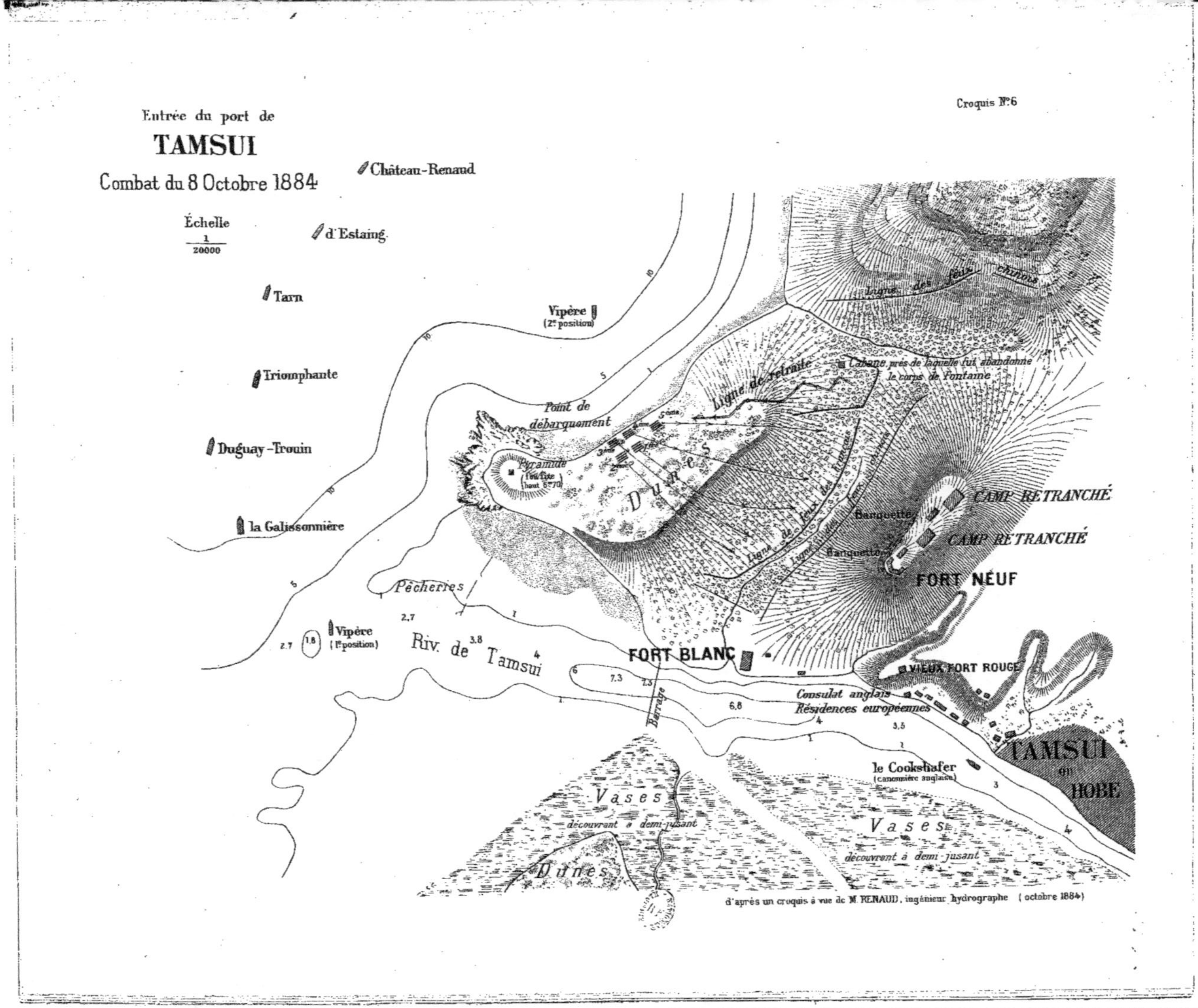

Croquis N°6
Entrée du port de
TAMSUI
Combat du 8 Octobre 1884
Échelle
1/20000
Château-Renaud
d'Estaing
Tarn
Triomphante
Duguay-Trouin
la Galissonnière
Vipère (2e position)
Vipère (1re position)
Ligne des feux chinois
Cabane, prés de laquelle fut abandonné le corps de Fontaine
Ligne de retraite
Point de débarquement
Pyramide (vieux fort, haut 8m70)
Dunes
Banquette
CAMP RETRANCHÉ
CAMP RETRANCHÉ
FORT NEUF
Pêcheries
Riv. de Tamsui
FORT BLANC
Barrage
VIEUX FORT ROUGE
Consulat anglais
Résidences européennes
le Cookshafer (canonnière anglaise)
TAMSUI ou HOBE
Vases
découvrant à demi-jusant
Vases
découvrent à demi-jusant
Dunes
d'après un croquis à vue de M. RENAUD, ingénieur hydrographe (octobre 1884)

LES LIGNES DE L'OUEST

Échelle
$\frac{1}{10.000}$

Levé du Lieut.ᵗ **GARNOT,** du 3.ᵉ B.ᵒⁿ d'Afrique

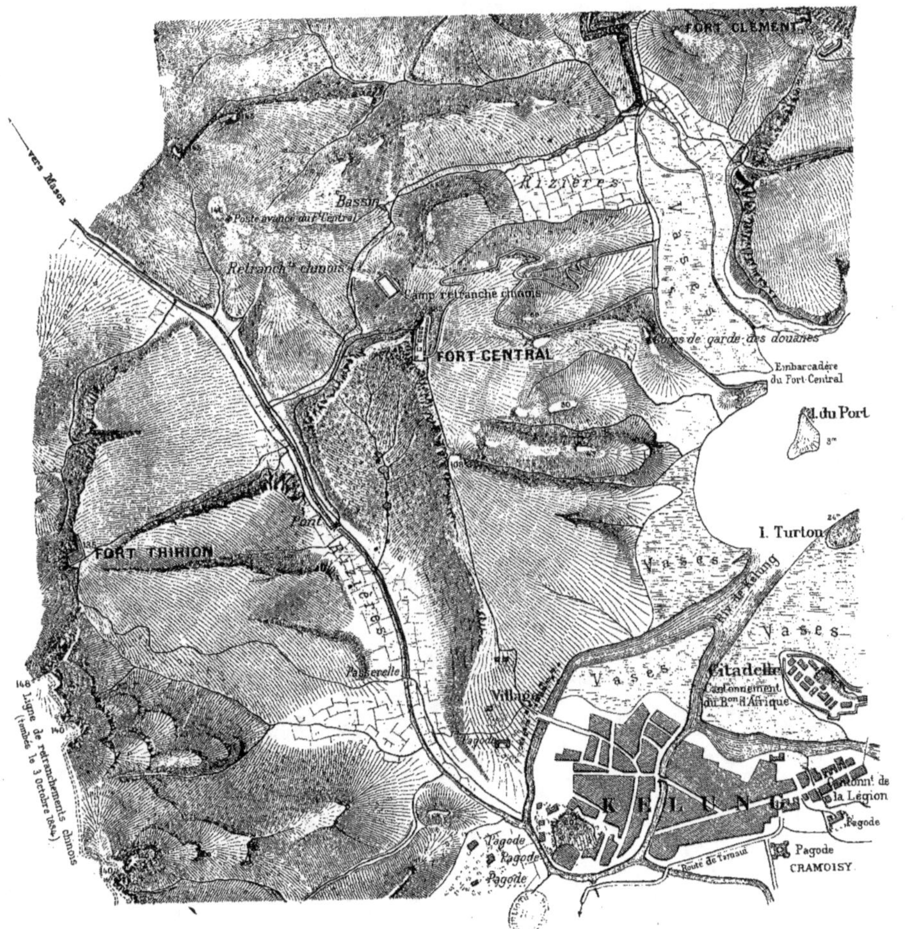

LE SECTEUR SUD

LE

FORT TAMSUI.

Échelle :
$\frac{1}{15.000}$

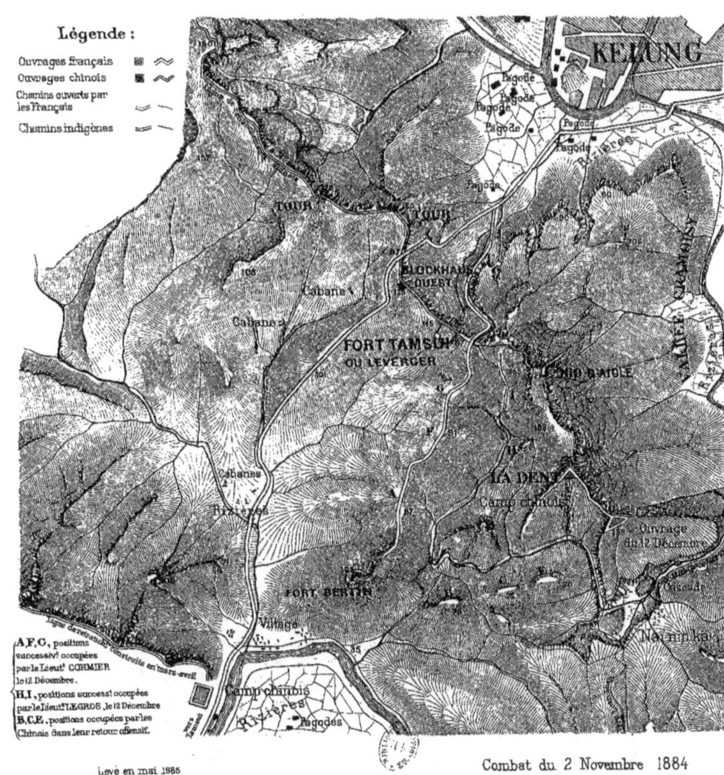

KELUNG
Cantonnement de la Légion
Les lignes
Pagode
Entrepôt de la Douane
PAGODE GRANDISY
Pagode
Pagode
Pagode
Pagode
Dépôts de charbon
VALLÉE DES MINES
Dépôt de charbon
Rizière
Reconnaissance du 10 Janvier
MHD D'AIGLE
FORT BAMBOU
Camp chinois
la Dent
LE C
Camp chinois
Camp chinois
Camp chinois
FORTIN DE L'AIGUILLE
Camp chinois
Nai-nin-ka
FORTIN ANNEXE
FORT DU SUD
Cabanes
Cabanes
Camp de l'état-major chinois
Débarcadère des sampans
LOAN-LOAN
Vallée
Riv. de Tamsui
Pagode
Pagode
de

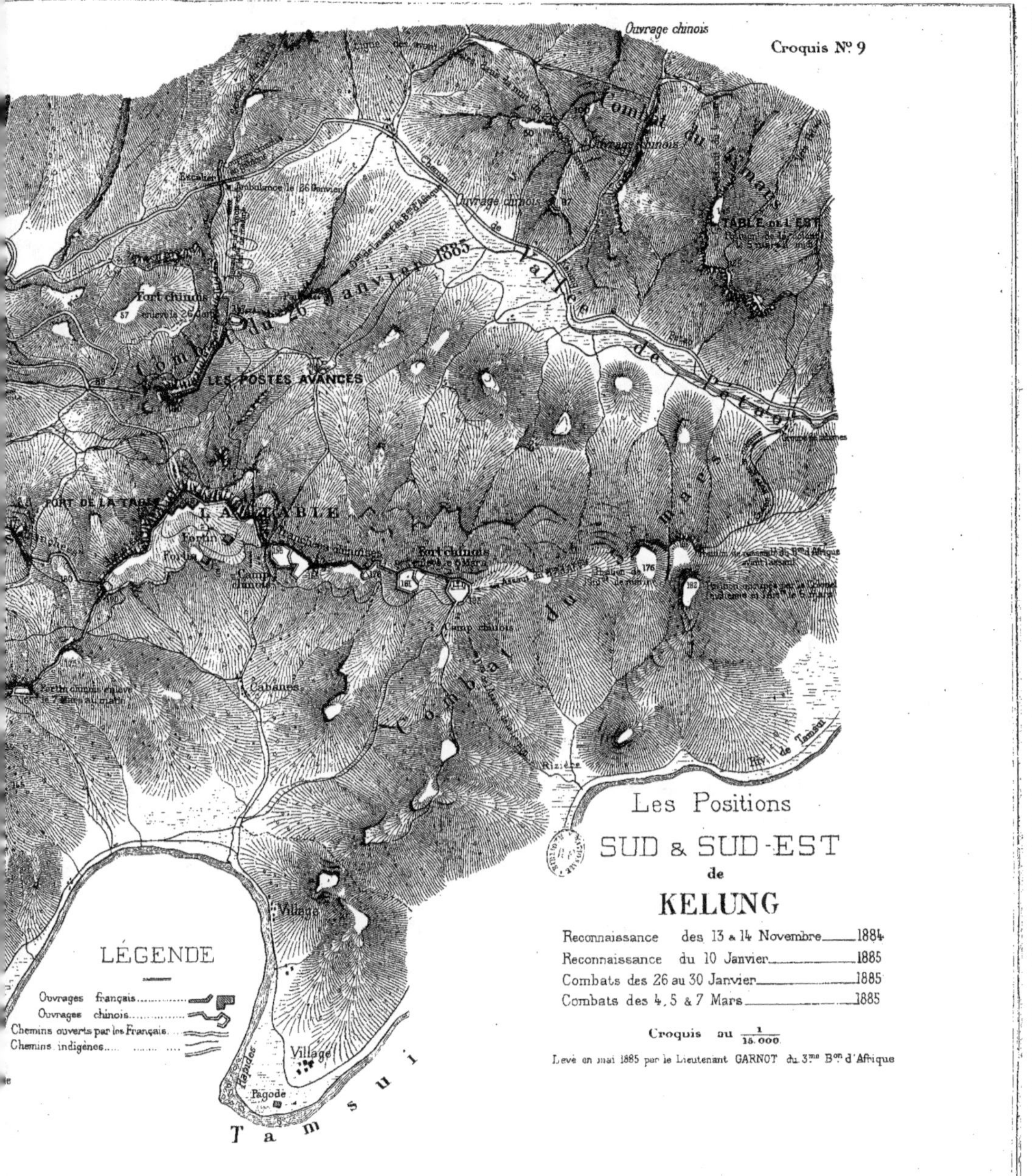

Les Positions

SUD & SUD-EST
de
KELUNG

Reconnaissance des 13 & 14 Novembre ______ 1884
Reconnaissance du 10 Janvier ______ 1885
Combats des 26 au 30 Janvier ______ 1885
Combats des 4, 5 & 7 Mars ______ 1885

Croquis au $\frac{1}{15.000}$

Levé en mai 1885 par le Lieutenant GARNOT du 3.ᵐᵉ B.ᵒⁿ d'Afrique

LES PESCADORES

(Mouillages intérieurs & Ile Ponghou.)

Échelle $\frac{1}{80.000}$

Équidistance : 15ᵐ

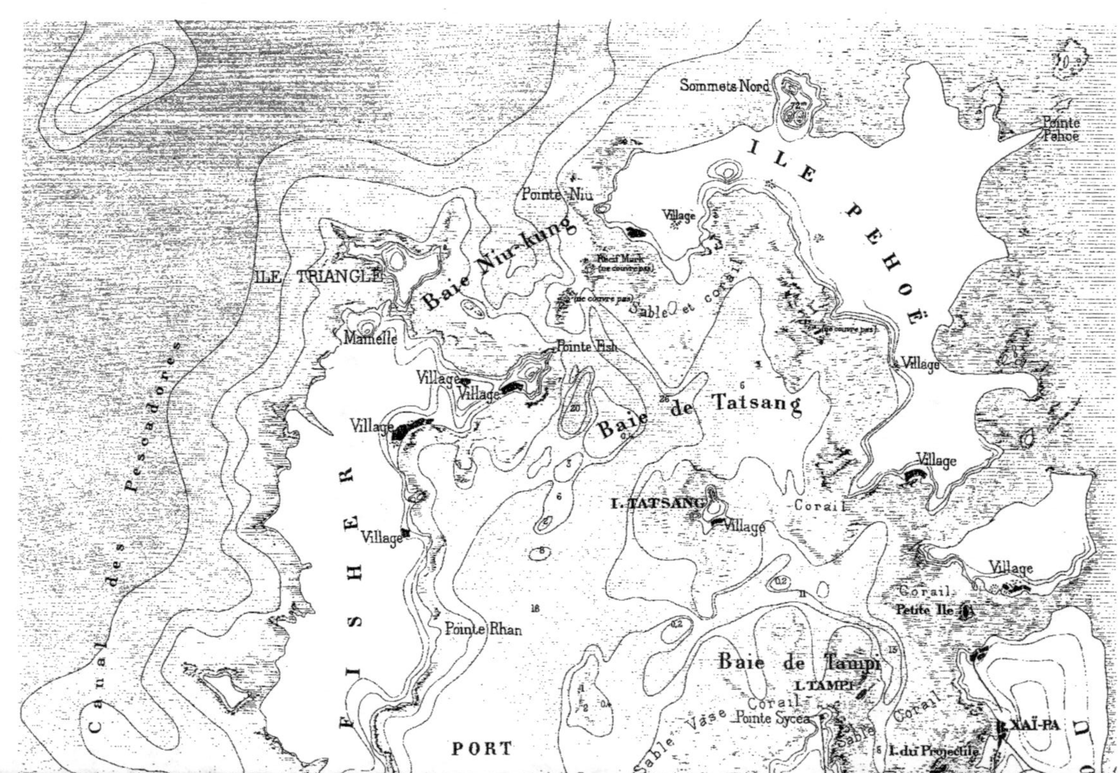

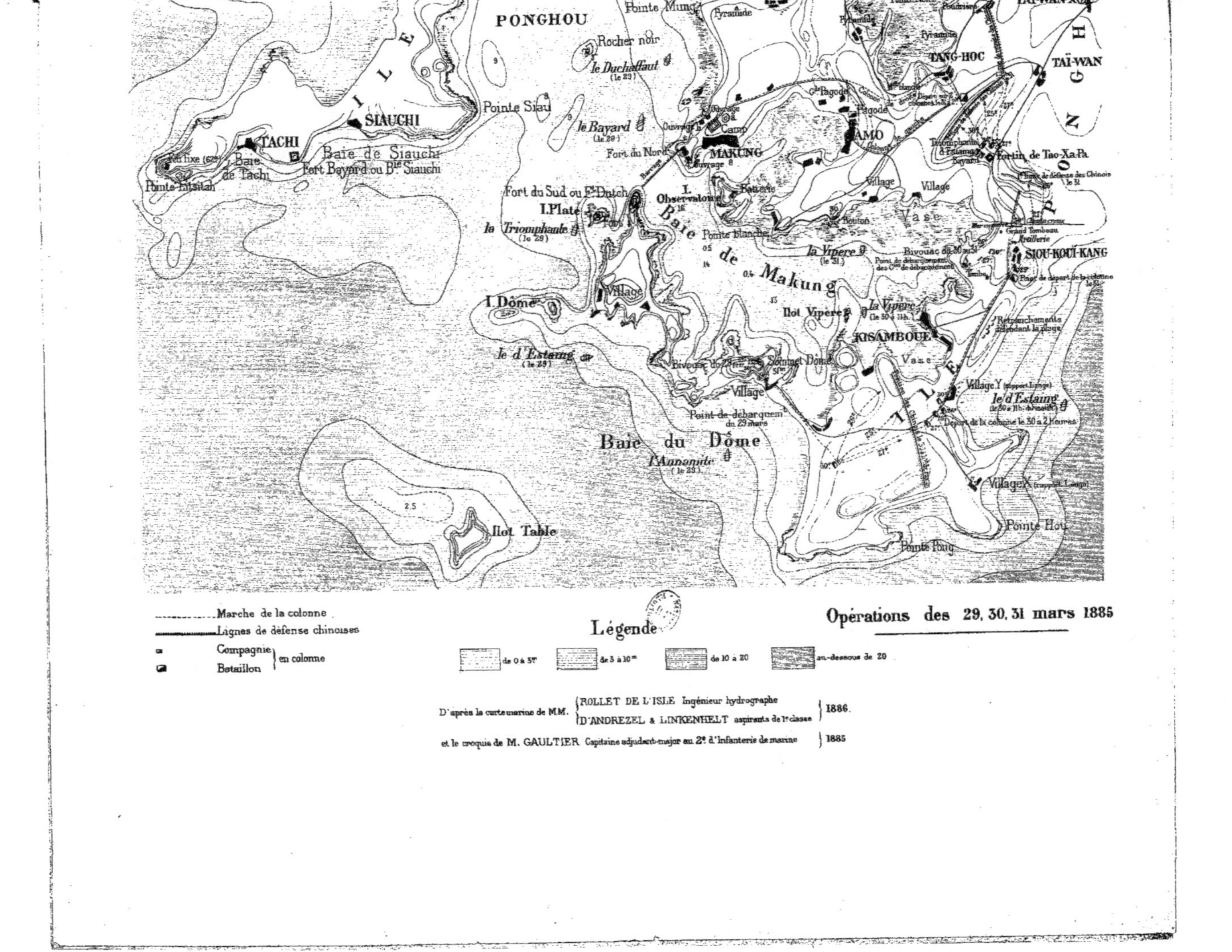

Légende

Opérations des 29, 30, 31 mars 1885

Marche de la colonne
Lignes de défense chinoises

Compagnie } en colonne
Bataillon

de 0 à 3m   de 3 à 10m   de 10 à 20   au-dessous de 20

D'après la carte marine de MM. { ROLLET DE L'ISLE Ingénieur hydrographe   } 1886.
{ D'ANDREZEL & LINKENHELT aspirants de 1re classe }

et le croquis de M. GAULTIER Capitaine adjudant-major au 2e d'Infanterie de marine } 1885

9 782013 714518